AF458845

COMMENT FERONT LES PEUPLES pour payer LES FRAIS DE LA GUERRE ?

UNE SEULE SOLUTION

Pas d'Emprunt — Peu d'Impôts

PAR

HENRI LANGLAIS

Président du Conseil d'Administration de la Société de la Presse Française

Prix : UN franc

PARIS

1916

Des amitiés bienveillantes, auxquelles les articles insérés dans la **Presse**, *sous ce titre :* « **Comment feront les Peuples pour payer les Frais de la Guerre ?** », *avaient paru présenter un intérêt général, ont demandé à l'auteur de réunir ces feuilles jetées au vent de la publicité quotidienne.*

C'est pour répondre à ce désir que nous éditons cette modeste brochure, espérant que les idées qu'elle contient contribueront à la recherche d'une solution qui ne saurait être différée et qui est essentielle à l'avenir et à l'existence même du pays.

Paris, le 15 mai 1916.

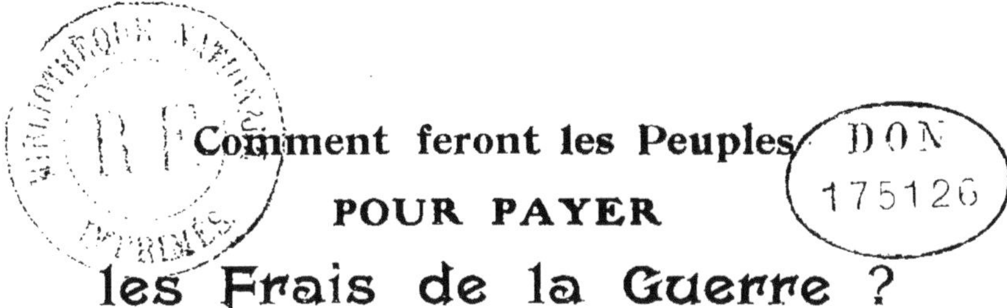

Comment feront les Peuples POUR PAYER les Frais de la Guerre ?

UNE SEULE SOLUTION

Pas d'Emprunts - Peu d'Impôts

I.

Gouverner c'est prévoir, et, comme dans un régime démocratique, tout le monde, de près ou de loin, est censé participer au gouvernement, chacun a donc le droit, peut-être même le devoir, d'exprimer librement ses idées pour la solution des graves problèmes qui se poseront demain, quand la guerre sera finie. Qu'on ne dise pas que ce sont là vues lointaines. Lointaines, qu'en savons-nous ? et fussent-elles lointaines, ces vues sont de celles sur lesquelles on ne saurait trop s'arrêter d'avance.

Parmi ces problèmes, le plus important, le plus angoissant, le plus insoluble au premier abord, c'est le problème financier. Comment paierons-nous tout ce que nous devrons, c'est-à-dire tout ce que nous avons déjà emprunté et tout ce qu'il nous faudra encore emprunter, pour les frais de la guerre, les pensions et indemnités civiles et militaires, les réparations des dommages et la remise en route de la grande machine nationale ? Où prendrons-nous la formidable somme d'argent qui sera nécessaire, et, quand nous l'aurons trouvée, le pays ne va-t-il pas succomber sous la charge effrayante des impôts nouveaux qu'il faudra créer pour assurer le service des intérêts et l'amortissement des emprunts contractés ?

J'entends que nous serons vainqueurs et que, le jour du règlement des comptes, les Empires du centre auront à payer la casse. Je l'espère bien ; mais même, présentée de la sorte, la question ne doit pas moins nous préoccuper. Quelle sera l'étendue de notre succès et que pourrons-nous demander aux vaincus ? Comment ceux-ci, épuisés eux-mêmes, pourront-ils s'acquitter, sous quelle forme et dans combien de temps ?

Quoi qu'il arrive — et personne ne contestera cette affirmation — même dans les conditions les plus favorables, nous serons contraints de nous procurer des sommes énormes, si énormes qu'on ne pouvait autrefois en soupçonner le montant, et qu'on reste aujourd'hui stupéfait devant leur importance.

Nous pouvons donc, en tout état de cause, nous placer en face de cette éventualité, l'obligation d'obtenir immédiatement, après la guerre, un nombre très élevé de milliards — mettons X milliards, pour employer le langage des mathématiciens. — Voilà le problème !

***

Ce qui complique la difficulté, c'est qu'on ne se trouvera pas en présence de deux peuples qui, après une lutte plus ou moins longue mais restreinte, feront appel à leur crédit et pourront s'adresser, en outre, au crédit de leurs voisins.

Toute l'Europe, ou presque toute l'Europe, est en guerre et toutes les nations devront, en même temps, à la même heure, se créer des ressources.

Il y aura donc une demande formidable de capitaux et une offre qui sera d'autant plus réduite que la guerre, en se prolongeant, aura épuisé davantage les villes, les sociétés et les particuliers. L'argent est une marchandise comme une autre, qui subit la loi de l'offre et de la demande. Donc les Etats emprunteurs devront payer très cher les capitaux dont ils auront absolument besoin.

Comme conséquence, les émissions se feront à un taux fort élevé, que les conversions, quand la situation sera redevenue normale et prospère, diminueront dans l'avenir, mais qui n'en chargera pas moins très lourdement les budgets pendant un assez grand nombre d'années.

Il est malaisé de déterminer dès maintenant ce taux qui devra être assez haut pour faciliter la transformation des dettes à court terme en dettes perpétuelles ou à très long terme. On sait quel est aujourd'hui le taux des bons du Trésor; il faudra, vraisemblablement, après la guerre, emprunter plus cher. Et le taux variera, naturellement suivant le crédit des diverses nations.

Pour fixer les idées — puisque nous examinons ici une question abstraite — disons, non pas que la France, mais qu'une des puissances quelconques de l'Entente, se verra obligée de payer 6 0/0 d'intérêt pour ses emprunts. On reconnaîtra qu'il n'y a rien d'exagéré dans cette hypothèse. Nous la compléterons en ajoutant que le montant desdits emprunts, pour une liquidation générale, devra atteindre un chiffre de cent milliards. Qu'on calcule bien et l'on se rendra compte que là non plus nous ne tombons pas dans l'excessif.

Une pareille dette ne peut charger indéfiniment les budgets. Il faudra alors prévoir un certain amortissement: j'accepte un pour cent, chiffre minime, qui permettrait de rembourser la dette en soixante-quinze ans environ, si l'on tient compte de la diminution progressive des intérêts à servir.

La nation, que nous avons prise comme type, devra donc charger son budget d'une somme supplémentaire de sept milliards, si elle amortit, de six milliards, si elle crée des rentes perpétuelles.

Ceci posé, il est facile de comprendre qu'une pareille charge serait une ruine pour cette nation dont elle empêcherait le relèvement économique. Les gens se lasseraient de travailler uniquement pour payer les dettes de leur pays et, comme sans doute, certains impôts seraient progressifs et absorberaient une très grosse partie des bénéfices réalisés, l'esprit d'initiative disparaîtrait avec l'accroissement du dégoût et la montée du découragement.

Comment donc remédier à une pareille situation ? En la regardant en face et en observant que la lourdeur de la charge provient plus du service des intérêts que de l'amortissement du capital. Dès lors, le remède indiqué, c'est la snppression des intérêts, ce qui implique la suppression des emprunts, dans le sens que nous sommes convenus de donner à ce mot.

Il faudra donc se procurer de l'argent par un procédé sinon nouveau, du moins qui n'a pas été couramment employé jusqu'ici. C'est ce procédé que nous indiquerons dans un prochain article et nous espérons qu'on reconnaîtra qu'il est possible et pratique, et même, à notre avis, le seul possible et le seul pratique.

II.

Le problème que nous avons posé dans notre premier article consiste donc à trouver de l'argent sans payer d'intérêt, c'est-à-dire à recourir à un procédé différent de celui qui est caractérisé par l'emprunt.

Dans nos sociétés modernes, le grand instrument de travail c'est moins l'argent que le crédit. On peut vivre sur son crédit, à une condition nécessaire et suffisante, c'est de prélever, sur le produit de son travail, une quote-part permettant au bout d'un laps de temps déterminé de supprimer le crédit en remboursant la dette.

Ce moyen de vivre est si possible et si pratique — pourvu qu'il ne soit pas indéfini — que nous le voyons employer à l'heure actuelle. Dans les régions occupées du nord de la France, il n'y a plus d'argent : plus d'espèces métalliques, plus de billets de banque d'Etat.

Si les collectivités subsistantes, qui sont les villes, avaient voulu contracter des emprunts, elles se seraient heurtées à cette impossibilité : l'absence de toute souscription, puisque personne n'aurait pu souscrire. Qu'ont-elles fait? Elles ont émis des billets municipaux, sans intérêt, avec lesquels elles font face à leurs obligations et qui circulent acceptés par les particuliers, commerçants et consommateurs, parce que les uns comme les autres ont confiance dans le crédit de ces villes et surtout dans le crédit de la France qui apparaît derrière elles pour liquider l'opération à la fin de la guerre.

Dès lors, il suffit que l'Etat que nous avons envisagé crée des valeurs représentatives de son crédit, des billets spéciaux, ayant force libératoire et cours forcé. Ces billets ne porteront pas intérêt; mais l'Etat émetteur s'engagera formellement à en retirer chaque année une certaine quantité de la circulation et à les annuler, de manière que l'amortissement soit terminée dans le laps de temps prévu et garanti par la loi.

Si l'on acceptait pour cet amortissement la même période de soixante-quinze ans, dont nous avons parlé dans un précédent article, il faudrait, pour une somme de cent milliards, compter sur une charge annuelle d'un milliard trois cents millions environ.

Un milliard trois cents millions, au lieu de sept milliards, on voit tout de suite la différence. La charge devient aisée à supporter; et, au lieu de la ruine pour le pays, c'est le relèvement immédiat ou très rapide.

Mais, pour cela, il faut deux choses : d'abord que ces billets inspirent confiance et soient gagés, ensuite qu'ils puissent circuler non seulement dans le pays qui les a émis, mais en dehors, en résumé, qu'ils aient cours forcé international.

D'où vient le crédit des billets de la Banque de France ? De ce que notre grand établissement financier, en représentation du papier portant sa signature, possède dans ses coffres et ses caves de formidables réserves d'or et d'argent.

C'est là le gage principal de la Banque. Mais il est compréhensible qu'un billet peut avoir d'autres garanties que des espèces métalliques. Les prêts hypothécaires sont assis sur la propriété immobilière; des avances peuvent être consenties sur la valeur d'un fonds de commerce, sur une simple signature même, dont on dit parfois, quand elle est donnée par d'honnêtes gens solvables, qu'elle vaut de l'or. Le commerce et l'industrie pourraient-ils marcher si le crédit, sous toutes ses formes, n'était là pour faciliter les transactions journalières ?

Eh bien! ce qu'une société, ce qu'un particulier peut faire dans l'usage courant de la vie, ce que des villes occupées par l'ennemi ont fait également, la collectivité qui s'appelle un Etat peut le faire, et d'autant plus facilement qu'elle ne meurt pas comme les individus, qu'elle n'est pas sujette à faillite ou à dissolution comme les sociétés. Les engagements qu'elle prend sont d'autant plus solides que les générations à venir sont solidaires des générations qui les ont contractés.

***

Ce principe admis, rien n'empêche l'Etat — notre Etat idéal que nous ne nommons pas — de signer des billets comme le premier débiteur venu, billets qui n'auront point besoin d'être endossés et qui se passeront de mains en mains pour leur valeur réelle, remboursables par l'Etat dans un délai à déterminer, mais remboursables à vue par le premier venu qui les acceptera en paiement.

Evidemment, cette chose est possible, normale et facile; elle ne coûtera pas un sou d'intérêt et, théoriquement, l'Etat pourrait de cette manière remplacer tous ses emprunts à venir et même rembourser tous ses emprunts existants.

Mais il y a des périls qui, jusqu'ici, ont empêché ce mode d'emprunt et qui peuvent cependant être évités. Si l'Etat créait des billets au delà de sa richesse, c'est-à-dire de la fraction de la fortune nationale sur laquelle ils sont gagés, et de ses disponibilités fiscales, c'est-à-dire des sommes dont il peut disposer pour l'amortissement dans les conditions déterminées, son papier deviendrait du mauvais papier, quelque chose comme des assignats de la Révolution, ou comme ces billets de la Banque du Mississipi dont on connut, du temps de Law, la grandeur et la décadence.

L'idée était juste ; les excès la firent sombrer misérablement, en entassant des désastres et des ruines. Nous reconnaissons, d'ailleurs, que, sur cette pente, la glissade est aisée et qu'un Etat ne doit pas être mis à même de créer sans contrôle et sans limite du papier qui ne peut être que la représentation d'une richesse existante et qui ne crée par lui-même aucune richesse. C'est pour cela qu'il faut un frein très puissant, frein qui ne peut, comme nous le démontrerons plus tard, résulter que d'une législation internationale et d'un accord obligeant les Etats non seulement vis-à-vis des citoyens, mais encore vis-à-vis des autres Etats.

***

Le tout est donc de proportionner l'émission des billets à la fortune du pays et à ses facultés contributives et de ne pas dépasser ces bornes.

La suppression de l'intérêt, comme nous l'avons démontré, rend singulièrement aisé le remboursement de la dette — nous ne disons pas de l'emprunt. — En ce qui concerne le gage de cette dette, nous observerons immédiatement que la fortune publique et privée, dans une nation qui n'est pas en décadence, grandit chaque année et que le gage, au lieu de diminuer, s'accroît en même temps que la fortune. Il suffit donc que la garantie soit suffisante au moment de l'émission pour que l'on ait la quasi-certitude de voir cette garantie devenir plus forte à mesure que le temps s'écoulera.

Ajoutons, dans l'espèce qui nous occupe, qu'à la fortune nationale : terres, immeubles, marine marchande, fonds de commerce, mines, valeurs mobilières, etc., viendront s'ajouter pour les Etats vainqueurs les contributions de guerre que devront payer les vaincus, contributions qui auront elles-mêmes des gages résultant du traité de paix.

C'est une garantie subsidiaire, qui peut être considérable, et qui devra certainement être exigée ; car il est impossible d'imaginer que l'indemnité formidable que les vaincus devront payer puisse être versée de suite ou à court terme, comme elle le fut par nous, en 1871, après le traité de Francfort.

Le problème, à première vue, serait donc résolu et il le serait effectivement si nous étions seuls au monde : mais nous ne sommes pas seuls et il faut quelque chose de plus que le gage suffisant du papier, il faut la circulation internationale. Comment la réaliser ? C'est ce que nous expliquerons dans un dernier article.

III.

Nous avons montré que, sans emprunt, et par conséquent sans charge d'intérêt, il était possible à cette collectivité qu'on appelle un Etat de se procurer par son simple crédit l'argent qui lui est nécessaire.

Immédiatement, on pourra objecter : si vous avez trouvé la pierre philosophale sous la forme de « chiffons de papier », que ne vous en servez-vous dès maintenant et précisément à l'heure où nous avons besoin d'énormes ressources.

D'abord on le fait partiellement et la loi autorisant la Banque de France à élever le chiffre de ses avances à l'Etat n'est qu'une application de cette doctrine. Il y a quelque temps encore, notre grand établissement financier était autorisé à augmenter de 15 à 18 milliards sa circulation fiduciaire et l'on peut être assuré que l'Etat n'a point manqué d'utiliser son droit.

Mais ce que l'on fait en ce moment ne peut être fait que dans une mesure restreinte, précisément parce que nous sommes en guerre, que notre billet de banque n'a pas cours forcé en dehors du pays, et que nous serions menacés d'une nouvelle dépréciation du change si nous forcions nos émissions fiduciaires. Il nous manque la convention internationale dont nous allons parler; il nous manque l'équilibre financier auquel, dans des circonstances exceptionnelles, on est obligé de renoncer et qui doit être la règle dans les conditions normales de l'existence d'un pays.

Cette grande opération consistant dans la création de

billets d'Etat est essentiellement un moyen de liquidation, lorsqu'après la guerre terrible la paix féconde et glorieuse nous sera rendue. C'est une œuvre qui, faite d'accord avec les Alliés, doit être imposée aux ennemis et acceptée par les neutres.

* * *

Une nation isolée, en effet, qui entreprendrait de mobiliser sa fortune et de la représenter par du papier ne portant pas d'intérêt, courrait certainement à sa ruine, car elle ébranlerait son crédit, verrait son change s'effondrer, en même temps que par la surenchère électorale, elle serait amenée à dépasser toute limite dans ses émissions. Comme nous l'avons dit, ce serait le règne des assignats.

Supposez, au contraire qu'une convention internationale intervienne et que les différentes puissances de l'Alliance s'entendent entre elles pour créer des billets d'Etat dans des proportions déterminées et que ces puissances s'engagent à accepter chez elles au pair, comme les leurs, les billets de leurs co-contractants, le double péril que nous indiquons n'existe plus.

L'excès de ce qu'on a appelé « la planche aux assignats » disparaît, puisque l'émission est strictement limitée. Les transactions internationales sont régularisées par l'emploi d'une monnaie fiduciaire commune.

Supposez maintenant que le groupe des Etats victorieux impose au groupe des Etats vaincus et, comme première clause du traité de paix, l'acceptation de ce papier dans les conditions où les vainqueurs l'acceptent eux-mêmes, qu'en outre, les vainqueurs exigent des vaincus qu'ils suivent l'exemple donné par eux, en créant des billets remboursables en un certain nombre d'années et destinés au paiement de l'indemnité de guerre, la question s'élargit et, en même temps se simplifie.

Or, les deux groupes dont il s'agit représentent à peu près complètement l'Europe et l'Afrique, on peut même dire l'Asie tout entière, si l'on fait entrer le Japon en ligne de compte, presque toute l'Océanie et une fraction importante de l'Amérique, c'est-à-dire les trois quarts du monde. Donc aucun danger n'apparaît de cet isolement qui serait la ruine pour une tentative mal organisée et insuffisamment forte.

Entre tous ces Etats s'établirait nécessairement une solidarité telle que la guerre, toujours possible, deviendrait improbable au moins au cours de la longue période d'années pendant laquelle la charge du remboursement incomberait aux puissances co-signataires de cette convention financière. Ce serait de l'internationalisme dans la plus haute et la meilleure acception du mot.

Entre parenthèses, puisqu'il s'agit d'établir un papier international, la création de ce papier ne devrait pas être confiée aux banques nationales qui conserveraient leur privilège d'émissions tel qu'il est actuellement réglé, mais à un organisme spécial dont la mission serait en outre de surveiller la stricte exécution de la convention financière, notamment les amortissements annuels exigés de tous les participants.

*
* *

Quoi qu'il en soit, et pour rentrer dans notre sujet, on voit qu'en se bornant même au consortium des belligérants, l'entreprise, par son ampleur, serait née viable et vivrait.

Mais à côté d'eux et autant qu'eux, les neutres doivent se préoccuper du relèvement économique du monde civilisé; ils ont à cela un intérêt moral et matériel évident et cet intérêt est si puissant qu'il lie leur sort à celui des nations qui ont été entraînées dans la guerre. Même la République des Etats-Unis n'oserait, en se détournant de ce grand courant de rénovation, se séparer des autres peuples par une sorte de muraille de la Chine financière. Le proverbe qui dit qu'on doit vivre avec les vivants s'applique aux sociétés comme aux individus.

Il ne fait donc l'ombre d'aucun doute que les neutres seraient obligés de donner leur adhésion au grand pacte d'union qui deviendrait un pacte mondial et la loi de l'humanité tout entière. Nous n'insisterons pas ici sur les moyens qui seraient à la disposition du consortium pour exercer pacifiquement et très loyalement une influence sur les neutres afin de les amener à une juste compréhension de la situation.

Certes, la proposition que nous venons d'exposer sommairement déroute un peu les idées reçues : elle apparaît comme extraordinaire parce qu'elle est inusitée. Mais cette circonstance qu'elle constitue une nouveauté n'est pas une raison pour la repousser. Si elle est possible, elle doit s'imposer parce qu'elle est bonne et qu'elle est même la seule bonne, toute autre solution apparaissant comme irréalisable. Or, avec les limitations que nous avons tracées, en quoi est-elle inapplicable et où se trouve la fissure qui ferait craquer tout le système ?

En somme, ce qu'il s'agit d'instituer, c'est le crédit universel assuré par l'accord universel, l'escompte du travail humain effectué, sans intérêt, pendant un certain nombre de générations par ceux qui seront à la fois lee créateurs de la richesse et les béneficiaires de l'opération, la réparation du présent par les économies de l'avenir, ces économies futures étant représentées par un papier qui disparaîtra au fur et à mesure qu'elles seront réalisées.

Qu'on ne dise pas qu'on ne peut vivre avec du papier. Comme nous l'avons rappelé, les villes des régions occupées vivent bien de la sorte en ce moment et depuis dix-huit mois, parce qu'il y a derrière leur papier, le crédit de la France. Pourquoi le monde ne vivrait-il pas, pendant une période déterminée, sur son propre crédit, le papier des nations en guerre étant accepté dans les deux continents comme le papier de la ville de Lille, par exemple, est accepté dans le département du Nord ?

Nous l'avons dit et nous le répétons, une pareille entreprise ne peut être l'œuvre de quelques-uns, mais le fait de tous ; elle doit prévoir le remboursement ou le retrait des billets, devenant ainsi limitée dans le temps et illimitée dans l'espace.

On critiquera peut-être cette idée, mais je défie qu'en dehors d'elle, on trouve une solution qui ne soit pas pire que la banqueroute. Un pays se relève, en effet, d'une banqueroute, crise douloureuse, mais passagère ; il ne se relèverait pas d'un écrasement qui deviendrait permanent par la charge trop lourde et trop longue des intérêts à servir.

L'heure est venue — car il faut s'y prendre d'avance — de songer à ces choses, et c'est pour cela que nous avons voulu en parler.

Henri LANGLAIS,

Président du Conseil d'Administration de la Société de la Presse Française.

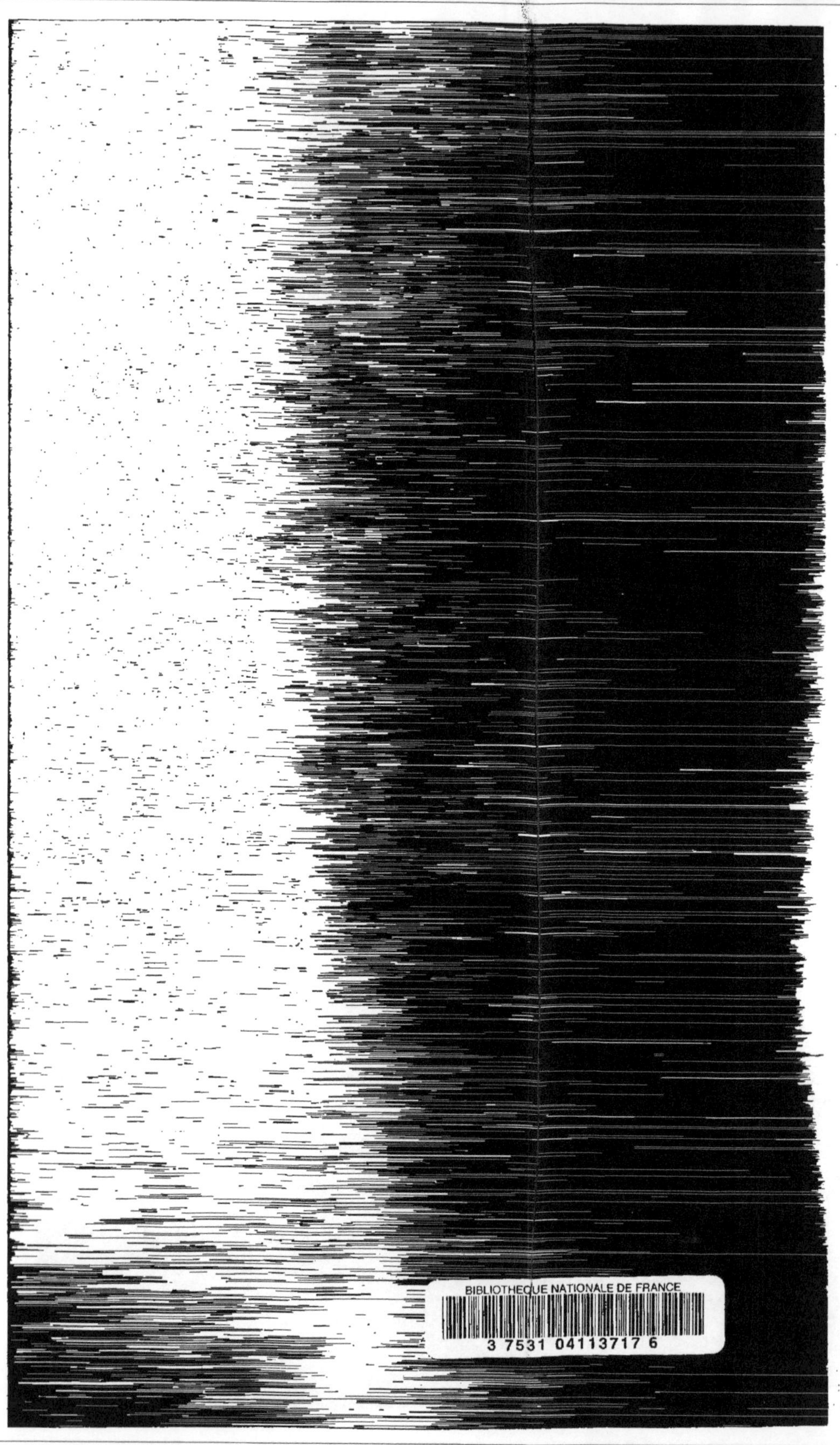

www.ingramcontent.com/pod-product-compliance
Ingram Content Group UK Ltd.
Pitfield, Milton Keynes, MK11 3LW, UK
UKHW021926230726
13925UKWH00007B/2427